张氏六字气诀

主　编　张晓航
副主编　郭培杰
编　委　黄承清　张子雄
　　　　孙　楠

北京体育大学出版社

策划编辑 力　歌
责任编辑 张　力
审稿编辑 苏丽敏
责任校对 罗乔欣
版式设计 联众恒创

图书在版编目（CIP）数据

张氏六字气诀 / 张晓航主编. -- 北京 : 北京体育大学出版社, 2016.1
ISBN 978-7-5644-2199-1

Ⅰ. ①六… Ⅱ. ①张… Ⅲ. ①武术气功—基本知识 Ⅳ. ①G852.6

中国版本图书馆CIP数据核字(2016)第018249号

张氏六字气诀　　张晓航　主编

出　　版 北京体育大学出版社
地　　址 北京海淀区信息路 48 号
邮　　编 100084
邮 购 部 北京体育大学出版社读者服务部 010–62989432
发 行 部 010–62989320
网　　址 http://cbs.bsu.edu.cn
印　　刷 北京瑞禾彩色印刷有限公司
开　　本 710×1000mm　1/16
成品尺寸 170×240
印　　张 5
字　　数 70 千字

2018年1月第1版第1次印刷　　5000册
定价：26.00元

前 言

六字诀，最早见于南北朝时代陶弘景《养性延命录》一书，是我国古代流传下来的一种养生方法，为吐纳法。其的最大特点是，通过呼吸导引，充分诱发和调动脏腑的潜在能力和强化人体内部的组织机能，来调和体内气机的运行起到健身的效果。而张氏六字诀来源于创始人张长祯先生将此功法辅助武术锻炼而传承下来，一直流传至今。

所谓的武术是以技击动作为主要内容，技击是武术的本质特征。而传统导引术是以主动的肢体运动，配合呼吸运动或自我按摩而进行锻炼。所以说武术的本质属性一种技击术，而传统导引术的本质属性一种养生术。由于形成原因的不同导致了呼吸方法的差异，武术运动追求的是呼吸与意念、动作、肌肉力量的密切配合，即气与意、形、力合而为一。呼吸与意念相合，呼则意念随之贯注，吸则意念转为灵活；呼吸与动作相合，呼则动作随之紧凑，吸则动作随之舒展；呼吸与劲力相合，呼则劲力沉重，吸则劲力轻灵。彼此互为依托，相互促进，使人体内外成为一个运动的整体。而导引术一般多为有氧运动，是大脑接受到机体运动的刺激后，发出指令使内脏器官作出适应机体运动需要的反应，以维持运动的继续。

而在武术中，一般是按照吸蓄呼发的原则，使得劲力蓄发得到完整、彻底。蓄劲时，“气贯丹田”后，可以改善内脏器官的功能，使中枢神经系统功能加强；发劲时，通过运动中枢的调节与控制，将“气息”运送到各部位，加快了体内的血液循环；这时运动中枢发放冲动使肌肉收缩，完成劲力的发放。同时，由于吸气能使膈肌下降，全身肌肉向下松沉，加强了身体的整体稳定性；呼气可使人体肌肉屈肌受抑制，伸肌力量增强，还能使腹部内压增大，迫使腹肌紧张；另外膈肌上提引起相对紧张，有利于保护五脏六腑。可见呼吸对劲力起着重要的作用。

从生理学的角度分析，在劲力与呼吸相合即蓄吸呼发的过程中，呼吸肌放松与紧张的程度、膈肌上下起伏的幅度以及支气管的舒缩活动等信息，传到各级呼吸中枢；躯体运动情况的信息传到大脑的运动感觉区，心血管的功能状态的信息同时传到心血管中枢，经过信息加工、处理，使呼吸的形式、节奏、深浅与劲力的方向、速度、大小的变化逐渐协调一致，从而达到呼吸与劲力的统一。但是在练习武术初期，往往对于呼吸的掌握是比较差的，所以常常以《张氏六字气诀》来辅助呼吸的练习。

《张氏六字气诀》是发声和呼吸相结合的一种功法，而这种发声不是喉咙的发声，而是在气沉丹田时自然而然所发出的声音，它有助于腹压的增加，即我们常说的“虚胸实腹”，利于激发人体的潜能。这也是在武术在吸气与四肢回缩、重心上升、蓄劲、化解等动作相结合，呼气与四肢伸展、重心下降、发劲、进攻等过程衔接中，气息自四肢收回到丹田，再由丹田发于四肢的过程相似。

所以借由《张氏六字气诀》的习练，可以帮助初步掌握动作与呼吸配合的要领，因为在习练武术初期，呼吸与意念、动作、内脏活动刚刚建立联系，它们之间的配合还不协调。他们之间的密切配合需要经过较长时期的磨合才能够获得，所以借由《张氏六字气诀》可以有目的、有意识地调整呼吸，使之逐渐适应外部动作的需要。有目的地降低呼吸的频率，使之缓慢、深长、均匀，以便于身体各部位的放松和姿势的调整，另外还有利于内脏活动出现与静态姿势相匹配的节能化现象。更进一步可以使得呼吸与动作的节律、内脏活动的变化达到高度一致，使得呼吸、意念、动作三者皆可以其中的一个为中心灵活转换，也可以互为依托、相互促进，使人体内外成为一个高效率、高质量运动的整体。

目 录
CONTENTS

视频讲解示范

全部影像视频

本书二维码使用说明

本书资源全部指向书链网，您可以直接微信扫码，观看视频讲解示范，也可以在手机里安装书链客户端（APP）扫码使用，APP 下载视频到手机，可以支持离线播放。

第一章　功法介绍

一、什么是六字诀

六字诀是我国古代流传下来的一种独特的健身养生方法，是运用呼吸吐纳配合默念嘘（xū）、呵（hē）、呼（hū）、呬（sī）、吹（chuī）、嘻（xī）6种字音，来调整肝、心、脾、肺、肾、三焦气机，具有强壮脏腑、祛除病邪、益寿延年的作用。早在春秋时代就有把呼吸配合吐音作为养生祛病方法的记载，老子《道德经》第二十九章中有“故物或行或随，或嘘或吹”的记载。

六字诀的最早见于陶弘景所著的《养性延命录》中，陶弘景将南朝以前的有关养生论述进行了系统的收集整理，辑成《养性延命录》。在《养性延命录·服气疗病篇》中记载：“纳气有一，吐气有六。纳气一者，谓吸也；吐气六者，为吹、呼、唏、呵、嘘、呬，皆出气。凡人之息，一呼一吸，原有此数，欲为长息，吐气之法时，寒可吹，温可呼；委屈治病。吹以去热，呼以去风，唏以去烦，呵以下气，嘘以散寒，呬以解极……。”文中同时又指出，“凡病之来，不离于五脏，事须识根，不识之者，勿为之耳。心脏病者，体有冷热，吹呼二气出之；肺脏病者，胸膈胀满，嘘气出之；脾脏病者，体上游风习习，身痒痛闷，唏气出之；肝脏病者，眼疼愁忧不乐，呵气出之。以上十二者调气法，依常以鼻引气，口中吐之，当令气声逐字吹、呼、嘘、呵、唏、呬吐之。”把6种发音与人体的脏腑结合起来，治疗各种病症。

后来，隋代佛教天台宗高僧智顗在其《童蒙止观》中将六字诀用于佛学坐禅止观法门。唐代道教学者胡愔在其《黄庭内景五脏六腑补泄图》中，对六字诀在道家修持、脏腑对应等方面更有了进一步的发展。宋代邹朴庵在《太上玉轴六字气诀》一书中对呼吸和读音方法做了详尽的具体要求，同时增加了叩齿、搅海、咽津等辅助功的练习。明代出现了六字诀的歌诀，如高濂《遵生八笺》和胡文焕《类修要诀》等书中都有记载。同时，六字诀也开始配合上动作导引，并与四季养生结合起来，使其更加完善并扩大了应用范围。

六字诀的动作在发展过程中也在不断完善，从萌芽时期的只有通过吐气发音的口形动作。到了宋代，出现了六字诀的预备动作。后来，明代时期，六字诀开始配以肢体动作出现，肢体动作包括吐气发音时的动作、起势动作和收势动作。吐气发音时的动作与呼吸、经络和意念有着密切的联系。

二、六字诀的作用原理

（一）声波共振原理

声音是由物体振动产生的，物体振动会产生一种振动波，这就是声波，声波有各种各样的频率。从物理学的角度来看，当外界声音通过人耳进入身体时，内外不同声波的频率就会发生相应的关系。外界声波会与我们身体内的声音振动传输系统产生共振，如果这种共振是有益的，就会使身体实现各种频率节奏的协调平衡，从而促进人体的健康。从化学角度分析，当外界有益的声波进入大脑后，就会激发神经的兴奋部位，并通过神经的体液调节，促进那些有益健康的酶、激素等活性物质的分泌，从而改善神经系统、内分泌系统和消化系统的功能。六字诀的发音可以对五脏产生刺激，所以可以对身体健康起到很大的帮助。

（二）微振原理

人体皮肤表面的细胞都在做着微小的振动，这种微小的振动简称“微振”。实际上，在大脑皮层的统一指导下，周身所有细胞都在按一定节奏做微振运动，合成一个协调的整体，而心脏、大脑、胃肠等处细胞的微振更为明显。当发出一定的声音时，如果这样的声音和人体生理上的微振频率相合时，两者便产生了共振，使人体内的微振加强。当人体机能失调后，体内微振动也就处于不正常状态，假若选择某一种可以调整体内微振声音，使振动恢复到正常状态，就可恢复健康。当发出六字诀的某个声音时，所对应的脏器细胞会做出相应的微振运动，当两者频率相合时，对应的脏器即可达到微振，使我们的身体恢复平衡状态。

三、练习六字诀的功效

六字诀是通过呼吸发音来调节脏腑。依据五行理论，在发“嘘、呵、呼、呬、吹、嘻”6 个音时，可以分别调节肝、心、脾、肺、肾、三焦等脏器，对脏腑起到的按摩作用。发音可以产生振动，还可以刺激人体的经络，通过对经络的刺激，可以使全身经络畅通，气血充盈；在吐音呼气中还可以排出脏腑的浊气，又在相应的动作导引和自然吸气时，采纳天地间的清气，吐故纳新，调和人体内外气血运行，使五脏六腑得以阴阳平衡，可直接对身体起到健身的作用。

（一）六字诀对身体形态的影响

明代著名医学家张景岳指出：“善养生者，无不先养此形，以为神明之宅。”说明人的生命体是精神、情绪的物质基础，离开了人的形体，就不可能产生人的意识和思维活动。所以形体强壮精神就饱满，形体虚弱精神就萎靡。练习六字诀时，上肢动作舒展与相对静力动作的运用，使皮褶厚度有显著变化。这显示了气功的“气”与“力”的结合，使锻炼者的上臂力量增加，上体脂肪逐渐向肌肉转变。表明通过锻炼有利于练习者脂肪的重新分布和内脏脂肪含量的减少，对锻炼者塑造良好的形体，避免各种相关疾病的侵害极有裨益。

（二）六字诀对生理机能的影响

在锻炼过程中，动中求静，呼吸加深、周期变长，有利于气体交换而增强体力。因此，借由练习六字诀可使人体神经系统功能和机体代谢能力提高，并可以促进神经肌肉间的协调，使动作更加平衡和协调。经过长时间的锻炼还能够改善体内微循环和肌肉活动能力，增加关节的柔韧性、灵活性以及肌肉活动幅度，并可促进血液循环，增强心肺功能，促进疾病的治疗与身体的康复，还能够有效延缓机体的老化速度。

（三）六字诀对血脂的影响

六字诀锻炼是小强度的有氧运动，有氧锻炼可以提高肌肉和脂肪组织内脂肪酶的活性，促使胆固醇和磷脂向高密度脂蛋白转移，这种变化对于将血管壁上沉积胆固醇转移至肝内降解。长期有规律的六字诀锻炼可改善血脂，使血清中 TC 浓度有下降趋势，而血清 HDL 浓度有上升趋势，对血脂方面有改善作用。可以有效防止或减缓动脉硬化和高血压等心脑血管疾病的发生和发展，有助于减少发生粥样硬化的风险。

（四）六字诀对血压的影响

六字诀可调整人体植物神经系统的功能，可以降低交感神经的兴奋性，提高副交感神经系统的兴奋性，缓解小动脉痉挛，扩张运动肌血管，增加毛细血管的密度或数量，改善血液循环和代谢，及降低机体对外界刺激的心血管应激反应等。在长期有规律的的锻炼后，心血管功能指标中的收缩压、舒张压、心率、简易心功能均有明显的改善，进而可以稳定血压。

四、开始练功前必须注意的几件事

（一）练习前的准备活动、练习时间

一般来说，最好的练习时间是清晨起床后，最好排空大小便，结合散步做一些随意的准备活动，然后静立片刻，调匀呼吸，排除杂念，以全身发热、通体微汗为宜。练习时间长短，应根据自已的身体情况而定，体弱者可适当减少练习时间，随身体的好转，再逐步延长练习时间，逐步加大运动量，要循序渐进，持之以恒。切记酒后、饭前过饥、饭后过饱不宜练习。

（二）练习中的动作要求及运动量

练习时要用意而忌用力，六字诀的动作都是由意识来支配的，用意念来引导动作以达到精神和肌肉两方面的锻炼。练拳应尽量自然放松、柔和、缓慢，避免造成呼吸急促、心跳增快等副作用。运动量要根据各人不同的体质和健康状况，并根据气温，灵活调整运动量，千万不要用力抬腿或下蹲，动作幅度要适可而止，气温较高时，运动量应小些，耐力和力量性训练应减少，柔韧性训练可增多。

（三）练习环境及情绪

练习地点最好能选择一个干净避风的环境，以庭园、公园等空气新鲜、多光线的地方为宜，忌日光直射、风口和阴湿晦气之地，以避

免烈风和晦气深入腹中，有害于脏腑。心情要舒畅，大悲大怒后，情绪欠佳尚未稳定时，不宜练功。

五、练功时必须注意的几件事

六字诀是一套简单易学、功效显著的健身气功功法。是以呼吸吐纳为主，同时配合嘘、呵、呼、呬、吹、嘻 6 种独特的吐音方法，并辅助以相应的肢体动作和意念，可以调整肝、心、脾、肺、肾以及三焦系统的气脉运行，进而达到柔筋健骨、强壮脏腑、调节心理等目的。虽然六字诀功法动作简单，但其内涵丰富、韵味恬静，需要从形、声、气、韵等多个方面逐步提高，才能够慢慢体会其独特的神韵及特色。

（一）准确口形体会呼吸

读音是六字诀独特的练功方法，同时也是六字诀功法的核心。而六字诀的吐音仅仅靠普通话和汉语拼音来进行发音是远远不够的，必须要找到特定状态下的特定口形和气息，才能更好地达到健身养生的目的。口形的正确与否对于练习六字诀有较大的影响，所以在练习时必须要把握两点：出声时字音是否准确和体会正确气流流动方式。在练习之初首先要校正读音来达到初步规范口形的目的，然后用规范的口形来控制体内气息的出入。气息出入粗细、大小、部位的不同，则相应调节脏腑部位的气机也就不同了。发声的要点是低沉、振动、富有穿透力的。

（二）注意呼吸寓意于形气之间

六字诀中的呼吸方法主要是逆腹式呼吸。腹式呼吸需要掌握：鼻吸气时，胸腔慢慢扩张，而腹部随之微微内收口；呼气时，胸腔慢慢缩回，而腹部微微鼓起。呼吸方面最基本的要求是：匀（均匀）、细（细密）、柔（柔和）、长（深长）。刚开始练习呼吸时一定要注意微微用意，做到吐纳绵细，有意无意，绵绵若存，不可故意用力使腹部鼓胀或收缩。另外，练习时需要掌握舒缓圆活的动作与匀细柔长的吐气发声相结合，寓意于气，寓意于形，不要过分强调意念活动。

练习时除了吐气发音之外，全部采用鼻吸鼻呼的自然呼吸法，否则反而容易因为紧张造成呼吸的急促。练习时采用逆腹式呼吸法，就是在吸气时小腹随之微微内收，呼气时则小腹放松，自然鼓起。在每次吐气发音时，均采用鼻吸口呼的逆腹式呼吸法。采用这种特殊的呼吸方法是因为吸气时，体内的“先天真气”由小腹提升到胸中，而自然界的“后天清气”也同时由鼻孔吸到胸中，这样先、后二天之气在胸中交汇融合；呼气时，交汇之后产生的浊气由口中呼出体外，得到营养之后的“真气”则下降收回到丹田，这样才能够起到炼气养气、健身养生的作用。

（三）动作松柔舒缓协调配合

六字诀是以呼吸吐纳为主，并辅以动作导引的功法。所以在练习时动作应做到松、柔、舒、缓，与呼吸吐纳、吐气发声的协调配合，以不破坏呼吸吐纳和吐气发声的匀细柔长为原则。动作要求舒展大方、缓慢柔和、圆转如意，好似行云流水婉转连绵，有如人在气中、气在人中，体现气功独特的宁静与柔和之美。在练习时肘关节和膝关节要尽量放松，不能影响呼吸吐纳和吐气发声的匀、细、柔、长。功法动作的起、承、转、合，呼吸气机的升、降、开、合，都是以肚脐为中心，这一点从外形的动作来看尤为突出，很多动作都要求两手与肚脐相平，特别是两手掌心的劳宫穴要与肚脐相平。

（四）循序渐进持之以恒

练习时保持全身放松、心情舒畅、思想安静，可以使人体气血的流通处于流畅状态，有利于动作的完成。练习应注意循序渐进，不可急于求成，尤其是年老体弱者。动作幅度、运动量、呼吸长短、练功次数都因人而异，需要量力而为。并做到持之以恒，坚持练习。

第二章　基础动作

基本功是练习传统导引术必须具备的身体活动能力、技术技巧能力等基础。基础训练，包括了柔韧性、灵活性、协调性等一系列综合性练习人体内、外各部位功能的方法。

在张氏拳法的传承中，不论是武术技击或是导引养生，都强调基础的扎实。而这些基本功包括腿功、腰功、肩功等主要内容。腿功表现的是腿部的柔韧性、灵活性等功夫；肩功表现的是肩关节柔韧性、活动范围的大小以及力量等方面的功夫；腰功表现的是腰部灵活性、协调控制上下肢运动的能力和身法技巧的功夫。在张氏拳法的传承中，最基础的基本功包含了溜腿、熇腿、洗肩、磨腰等四个重要部分，每个部分都不仅仅是局部或单个关节的活动，例如溜腿就包含了手、眼、身、法、步的协调配合，要知道身体素质不是弧立存在和发展的，他们之间相互影响、相互促进和相互制约。而其他的包括熇腿、洗肩、磨腰的练习除了局部的针对性外，也包含这几个方面锻炼，所以说基本功可以全面发展身体整体素质。

张氏拳法中的导引术，强调以形体导引，调节人体经络气血运行，以导形引气，调整经络脏腑气血，使其气血调和，改善脏腑功能以去病健身。虽然以“筋骨顺而气血行，气血顺而脏腑调”为核心，但是在锻炼的过程中也强调以基本功为基础，透过基本功强化肌肉、肌腱、韧带等外在身体素质的柔韧性和协调性，使得在练习导引术的过程中身体能够有更好的伸展和稳定，从而达到外与内合、形与气合，更好的提高导引术的练习效果。

一、基本暖身法

（一）张氏舒缓放松法——遛腿

“遛为百练之母”，遛腿因集调息、敛意、热身为一体，使习者进入练功状态，所以列练功之首位。

【动作过程】

（1）两脚平行开立与肩同宽，身体自然正直，两臂自然下垂，两手十指相对掌心下按于小腹前。头端正，目不远视。（图 2-1）

图 2-1

图 2-2

（2）两腿微屈膝，左脚向前迈出，脚尖点地。同时，右手自体侧向体前正中上摆，抖腕立指，中指对眉心，左手屈指成钩下落至体侧后，略停。（图 2-2）

（3）右手猛然向前下方切落。（图 2-3）

图 2-3

（4）右手屈腕屈指成鹅头钩。（图 2-4）

图 2-4

（5）右脚迈出，右手勾略停，再下落至体侧后；左手重复右手动作。（图 2-5 ～图 2-7）

（6）左、右交替行进数次。

图 2-5

图 2-6

图 2-7

（二）张氏基本拉筋法——煸腿

煸腿尤如红焖坛肉烹制过程一样，把坛子煸在炉傍，慢火调制。张家良先生曾说：“煸腿的练法相当于要在炉上慢烤。”这和现今追求的快速、死板、器械性的拉撑有着本质上的区别。

【动作过程】

（1）两脚平行开立与肩同宽，身体自然正直，两臂自然下垂，两手十指相对掌心下按于小腹前。头端正目，不远视。（图 2-8）

图 2-8

（2）右腿屈膝上提，右脚由地面提至左膝前，右脚脚心向内，脚趾向左。右腿膝内掩裆，呈金鸡独立式。（图 2-9）

图 2-9

（3）右脚由左膝前向正前方蹬伸，将右腿伸直，再把右脚轻轻搭放在把杆上。脚尖勾回。（图 2-10、图 2-11）

图 2-10

图 2-11

（4）以头找脚尖，动作到位后稍停，恢复动作（3）。（图 2-12、图 2-13）

图 2-12

图 2-13

（5）左手由腰部离开，虎口向下，反手抓握右脚背，上体右转，眼视右后方。（图 2-14、图 2-15）

图 2-14

图 2-15

（6）身体往腿部靠拢后，稍停。（图 2-16、图 2-17）

图 2-16

图 2-17

（7）右手放置于左肋下，身体向左旋转，头从左臂下探出，目视上方，稍停后恢复动作（3）。（图 2-18、图 2-19）

图 2-18

图 2-19

（8）双手上举，指尖于膻中处相对，稍停后左转。（图 2-20 ～图 2-23）

图 2-20

图 2-21

图 2-22

图 2-23

（9）沿身体左侧下按。（图 2-24、图 2-25）

图 2-24

图 2-25

（10）双手抱左脚踝，身体尽量往腿部靠拢，稍停。（图 2-26、图 2-27）

图 2-26

图 2-27

（11）双手按地，抬头，目视前上方。（图 2-28、图 2-29）

图 2-28

图 2-29

（12）恢复动作（3），重复动作（4）后，右脚下落还原预备姿势。右式完成后再做左式，左右动作相同。

【注意事项】

（1）依照身体状态调整合适高度，身体尽量保持平稳。

（2）脚跟搭放要不宜过多，动作过程中保持脚尖回勾。

二、进阶暖身法

（一）张氏肩部松筋法——洗肩

是指洗去肩部淤塞之垢，舒筋活络利于通气。

【动作过程】

（1）两脚平行开立与肩同宽，身体自然正直，两臂自然下垂，两手十指相对掌心下按于小腹前。头端正，目不远视。（图2-30）

（2）提起左脚，向左开跨，向左旁开一步，向左转体，呈左弓箭步。（图2-31、图2-32）

图 2-30

图 2-31

图 2-32

（3）右手手心向上，拇指向外，上由腰际向前平缓穿出至肩平。目送右手中指尖。（图 2-33）

（4）右臂由前平向上画至头上。手心向后，拇指向外，尽力伸引。（图 2-34）

图 2-33

图 2-34

（5）两脚不动，胯向右转 90° 呈左侧弓箭步。右臂内旋，手心向外，拇指向内，立掌由头上向体侧劈落至肩平。（图 2-35）

图 2-35

（6）还原成左弓箭步，右手穿出后，立掌。（图 2-36、图 2-37）

图 2-36

图 2-37

（7）双脚不动，胯向右转 90° 呈左侧弓箭步。右手下按，置于右腰间。（图 2-38）

图 2-38

（8）右臂外旋，沿右侧上穿，经耳前，右臂直伸。（图 2-39、图 2-40）

图 2-39

图 2-40

（9）身体左转 90° 呈左弓箭步，转身同时右臂下击至肩平。（图 2-41）

图 2-41

（10）维持左弓箭步，立掌。右臂下落至右腰间。（图 2-42、图 2-43）

图 2-42

图 2-43

（11）右臂上举，至耳前处右手前翻，掌心向上。（图 2-44）

（12）继续上举至头顶，抬头，目视前上方。（图 2-45）

（13）右臂外旋，手心向上，拇指向外。右掌背向体前砸落至肩平。（图 2-46）

图 2-44

图 2-45

图 2-46

（14）立掌向左下按落至体前裆下。右臂屈肘收回腰际，收左脚起身。（图 2-47）

图 2-47

（15）向右转体180°做左式。左右动作相同。左右动作全部完成后，还原成预备姿势。

【动作要求】

（1）弓步左右转胯时后脚尖要对正前脚跟，上体要中正。

（2）落掌力砸千斤，立掌要坐腕展指。

【功　理】

坐腕立掌下劈、掌心向后之直臂上伸、掌心向上之沉肩砸臂、立掌下按等动作，旨在激活肩臂后下方经筋，舒筋活络立于通气。由于六字诀更加强调的是呼吸与意念、动作密切配合，尤其是呼吸的部分。所以在洗肩练习时要更加注意呼吸与各个动作之间的配合，包括吸气－停止－呼气等过程，一般原则为起吸落呼，内收吸外展呼等，在练习当中也可以感受气息自四肢收回到丹田，再由丹田发于四肢的过程。

（二）张氏腰部强壮法——磨腰

“磨”字从石，本义具有磨治石器的意思。加工玉称“琢”，加工石称“磨”。《诗·卫风·淇奥》中有：“如切如磋，如琢如磨。”《论衡·量知》中说：“切磋琢磨，乃成宝器。”引伸有克服阻碍、困难和磨练涵义。

【动作过程】

（1）两脚平行开立与肩同宽，身体自然正直，两臂自然下垂，两手十指相对掌心下按于小腹前。头端正，目不远视。（图2-48）

图2-48

（2）起左脚，开跨，双手放于腰边。（图 2-49）

（3）向左横向开步，两膝弯曲下蹲，两大腿与地面平行，小腿与地面垂直，脚尖内扣，五趾抓地，成马步。右手从腰间向后内旋，达身侧与肩平。从外侧向前展开，右手翻转，手心向上。（图 2-50、图 2-51）

图 2-49

图 2-50

图 2-51

（4）左手由腰际掌在目光引领下，向正前方平缓穿出至肩平，手心向上。（图 2-52）

（5）身体不动，左手由正前方外展运至身体左侧肩平，手心向上。（图 2-53）

图 2-52

图 2-53

（6）身体不动，左手由左前方运至身体正后方。身体后仰，向前挺腰作桥。（图 2-54、图 2-55）

图 2-54

图 2-55

（7）身体向前翻转，由仰身换至俯身。重心随身体翻转动逐渐向右过渡，成右弓步。左臂由后方收至于左耳傍，手心向上，手指向右。上体向右前方斜倾长腰，左臂手心向上，向右前方反背插掌至手臂伸直。同时头向右转，由右肩头回头看左脚跟。（图 2-56）

图 2-56

（8）左手维持不动，以腰运身，身体向左转至正前方。（图 2-57、图 2-58）

（9）再转至左边后，身体转动运至正前方。左手由外向内圈手画圆收于腰际。（图 2-59）

图 2-57

图 2-58

（10）身体后倒做桥，左手手心向上手指向前，由腰际向前穿至腰平伸直。（图 2-60）

图 2-59

图 2-60

（11）上身起立，身体向左转回正面，两腿呈马步。开始右磨腰，动作和左边相同。（图 2-61）

图 2-61

【动作要求】

（1）肢体圆活舒缓，切忌用力。

（2）嘴微张不憋气。

（3）前后左右四正面要适度停留。

【功　理】

磨腰功以肚脐、命门、左右带脉为主穴，以练通带脉为主。而在六字诀锻炼时强调呼吸与意念、动作密切配合，尤其是呼吸的部分。所以在磨腰练习时，要求后仰、侧展、前探等动作时，从腰部至手延伸时，将意识放在腰腹部来进行呼吸，可以感受气息从四肢到丹田再回到四肢的感受。而在后仰时要求闭气－停顿，将意识集中在丹田的位置，可以更好的感受到“气贯丹田”的蓄力感。

（三）张氏气机流通法——云手

【动作过程】

（1）两脚平行开立与肩同宽，身体自然正直，两臂自然下垂，两手十指相对掌心下按于小腹前。（图 2-62）

图 2-62

（2）两臂屈肘，两手手心向上，十指相对，由下向上提至膻中穴，十指相对，稍停。大臂继续向上抬，同时前臂内旋，至额头时至手心向上托起。立腰、百会上顶，脚用力下踩，上撑下沉。（图2-63）（图2-64）

图 2-63

（3）两掌由头上经头左侧向下踏至体侧肩平。左掌横掌在外，手心向左，手指向前。右掌横掌在内落至左胸近腋窝处，中指尖与中府穴齐平，手心向左，手指向内。左掌横掌向身体左侧撑送。（图 2-65）

图 2-64

图 2-65

（4）两掌由体侧向下沉落至小腹前，十指相对，掌心下按。（图2-66）

（5）两掌由小腹前向身体右侧抖出至右侧肩平。右掌横掌在外，手心向外，手指向前。左掌横掌在内手心向右，手指向内。（图2-67）

（6） 两掌由右肩侧平处向头上云至头顶，十指相对掌心上托。继续向右侧做踏、沉、横、托，左右动作、次数相同。（图2-68）

图 -66

图 2-67

图 2-68

【动作要求】

（1）手臂要有撑力，手变掌要坐腕展指。

（2）暗力撑送。

【功理】

六字诀锻炼时强调呼吸与意念、动作密切配合，尤其是呼吸的部分。所以在云手练习时重在调整人体内气机的流畅，当练习托、踏、沉、横四个动作时，人体内气机的流动形成一个完整的圆，使气机均匀散布于上、下、左、右四个方向，气机流动的更加顺畅。同时注意呼吸与各个动作之间的配合，包括吸气——停止——呼气等过程，一般原则为起吸落呼。

第三章　功法演示

视频讲解示范

预备势

两脚平行站立，开步与肩同宽，两膝微屈，两臂自然下垂，两掌心贴于大腿外侧，下颌微收，心平气静，目视前下方。（图 3-1）

【预备势要求】

（1）“头顶如悬”：好似在百会穴（在头顶约两耳廓尖连线之中点）处用绳子吊起之意。

（2）“含胸拔背”：就是胸部微缩内含，同时背部撑圆。

（3）“沉肩坠肘”“松腰塌胯”及“双腿微屈”：如肉坠感；“虚腋”：就是腋窝空出，两臂不要死贴在体侧，站立预备式，虚腋就会自然做出来，切勿故作姿态。

（4）“内视”：就是意想。

图 3-1

【预备势的功效与作用】

（1）可以使习练者身体放松，心

平气和，排除杂念和干扰，逐渐进入练功状态。

（2）身体保持中正，气静神安，有利于任、督两脉气血畅通。

视频讲解示范

第一式　嘘（xū）字诀

（1）两手掌心向上，小指轻贴腰际，沿带脉向后收到腰间，虎口向外。（图 3-2）

（2）两脚不动，以腰为轴，身体缓缓左转 90 度。（图 3-3）

图 3-2

图 3-3

（3）右掌由腰间缓缓向左侧穿出，与肩同高，掌心向上，掌尖向前，同时，配合口吐“嘘”字音，目视右掌伸出方向，双目渐渐圆睁。（图 3-4、图 3-5）

图 3-4

图 3-5

图 3-6

（4）右掌沿原路收回腰间，同时身体转正回正前方。（图 3-6、图 3-7）

图 3-7

（5）身体右转90度，左掌由腰间缓缓向右侧穿出，与肩同高，掌心向上，掌尖向前，同时，配合口吐“嘘”字音，目视左掌伸出方向，双目渐渐圆睁。（图3-8、图3-9）

图 3-8

图 3-9

（6）右掌沿原路收回腰间，同时身体转正回正前方。（图3-10、图3-11）

图 3-10

图 3-11

【收势】

两掌经体侧上举至头顶上方，掌心向下，两指尖相对，沿体前缓慢下按至腹前，横开至体侧，目视前方。（图 3-12）

本式左右穿掌各3遍，共吐“嘘”字 6 次。

图 3-12

“嘘”字发音要领。（图 3-13、图 3-14）

图 3-13

图 3-14

（1）读音为（xū），口形为两唇微合，有横绷之力，舌尖向前并向内微缩，上下齿有微缝。

（2）穿掌时口吐“嘘”字音，收掌时鼻吸气，动作与呼吸在练功过程中要始终保持协调一致。

【“嘘”字诀的功效与作用】

（1）“嘘”字诀与人体肝脏相对应，口吐“嘘”字，气走肝经，可以调理肝功疏泄，双目圆睁，有疏肝明目的功效。

（2）双掌左右交替穿行，配以呼吸吐字，有生发肝气、调理气血的作用。

（3）身体的左右转动，锻炼了腰部和腹内组织器官，不仅提高了腰、膝和消化功能，同时使人体的带脉得到了疏通和调节，全身气机得到了很好的升降。

（4）“嘘”字可以针对目疾、肝肿大、胸胁胀闷、食欲不振、两目干涩、头目眩晕等症。

视频讲解示范

第二式　呵（hē）字诀

【预备式】

两脚平行站立，开步与肩同宽，两膝微屈，两臂自然下垂，两掌心贴于大腿外侧，下颌微收，心平气静，目视前下方。（图 3-15）

（1）缓缓吸气，吸气的同时，两手掌的小指靠拢，掌心向上，捧至胸前，目视掌心劳宫穴。（图 3-16）

（2）两膝微屈，慢慢下蹲，屈肘，掌心向内，两中指约与下颌同高。（图 3-17、图 3-18）

图 3-15

图 3-16

图 3-17

图 3-18

（3）两肘外展抬平，约与肩同高，同时两掌内翻，掌心、掌尖向下，掌背相靠。（图 3-19）

（4）两掌缓缓下插，配合吐“呵”字音，掌至脐下“呵”字止，目视前下方。（图 3-20 ～图 3-25）

图 3-19

图 3-20

图 3-21

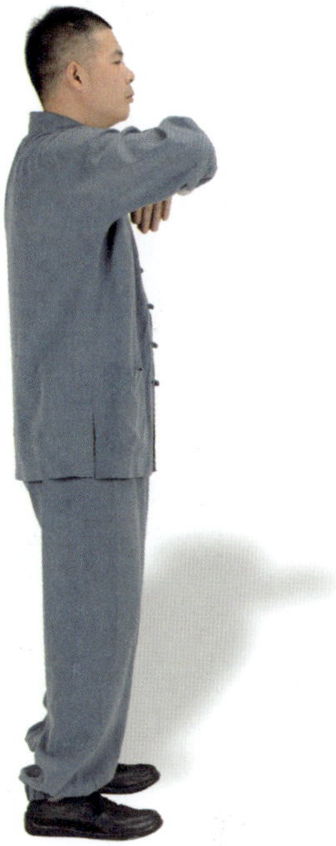
图 3-22

图 3-23

图 3-24

图 3-25

（5）内翻掌心向上，双手并拢，捧至胸前，目视指尖。（图 3-26 ～图 3-28）

重复动作 2 ～ 4，共做 6 遍，配合吐“呵”字音 6 次。

图 3-26

图 3-27

图 3-28

【收势】

两掌经体侧上举至头顶上方，掌心向下，两指尖相对，沿体前缓慢下按至腹前，横开至体侧，目视前方。（图 3-29）

图 3-29

“呵”字发音要领。（图 3-30、图 3-31）

（1）呵，读（hē）。口形为半张，舌顶下齿，舌面下压。

（2）两掌捧起时鼻吸气；插掌时呼气，口吐“呵”字音。

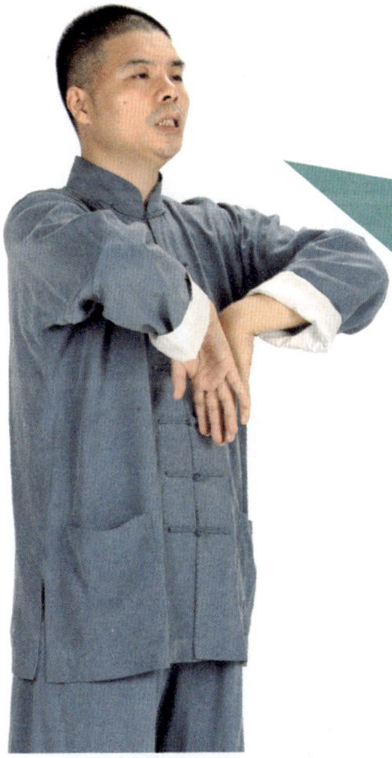

图 3-30

图 3-31

【“呵”字诀的功效与作用】

（1）呵字诀对应的是心，口吐“呵”字具有疏通心经，泄出心之浊气，调理心脏功能的作用。

（2）捧掌上升，翻掌下插，外导内行，使肾水上升，心火下降，达到心肾相交，水火济济，调理心肾的功能。

（3）呵字针对心悸、心绞痛、失眠、健忘、盗汗、口舌糜烂、舌强语言塞等心经疾患。

第三式　呼（hū）字诀

视频讲解示范

【预备式】

两脚平行站立，开步与肩同宽，两膝微屈，两臂自然下垂，两掌心贴于大腿外侧，下颌微收，心平气静，目视前下方。（图 3-32）

（1）两掌缓缓向胸前合拢，两膝微屈下蹲，两臂撑圆，口吐“呼”字音。（图 3-33～图 3-36）

图 3-32

图 3-33

图 3-34

图 3-35

图 3-36

（2）掌心向内，吸气向胸前合拢，同时两膝缓缓伸直。（图3-37～图3-41）

图 3-37

图 3-38

图 3-39

图 3-40

图 3-41

重复动作 1 ～ 2，共做 6 遍，配合吐“呼”字音 6 次。

【收势】

两掌经体侧上举至头顶上方，掌心向下，两指尖相对，沿体前缓慢下按至腹前，横开至体侧，目视前方。（图 3-42）

图 3-42

“呼”字发音要领。（图 3-43、图 3-44）

（1）呼，读（hū）。口形为撮口如管状，舌向上微卷，用力前伸。

（2）两掌向胸前收拢时鼻吸气；翻掌外展时呼气，口吐“呼”字音。

图 3-43

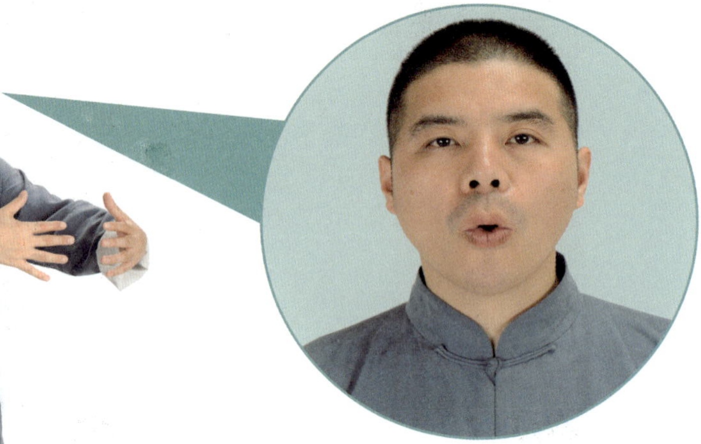

图 3-44

【“呼”字诀的功效与作用】

（1）“呼”字诀对应人体的脾脏，脾位于“中州”，主运化水谷之精，以生养肌肉，是人体的“后天之本”“气血生化之源”。口吐“呼”字，气走脾经，可以强化脾胃功能，调理脾胃。

（2）通过两掌的开合，两膝的升降屈直，可促进腹肌运动，促进胃肠蠕动，对脾胃动力不足，消化不良都有积极的作用。

（3）“呼”字诀针对腹胀、腹泻、四肢疲乏，食欲不振，肌肉萎缩、皮肤水肿等脾经疾患。

第四式 呬（si）字诀

视频讲解示范

图 3-45

【预备势】

两脚平行站立，开步与肩同宽，两膝微屈，两臂自然下垂，两掌心贴于大腿外侧，下颌微收，心平气静，目视前下方。（图 3-45）

（1）两掌心相对，约与肩同宽，两肘微屈，两臂慢慢由身体两侧抬至胸前。（图 3-46、图 3-47）

图 3-46

图 3-47

（2）两肘下落，立掌于胸前，掌心相对，指尖向上（图 3-48）

（3）两臂撑开，两掌从胸前慢慢打开，立掌于肩前，掌心相对，指尖斜向上。（图 3-49）

图 3-48

图 3-49

（4）两肩胛骨尽量向脊柱方向靠拢，展肩扩胸，藏头缩颈，同时配以吸气。（图 3-50、图 3-51）

图 3-50

图 3-51

（5）两膝微屈，松体、沉肩、伸颈，两掌缓缓向前平推，掌心向前，掌尖向上，，同时口吐“呬”字音，目视前方。（图 3-52 ～图 3-55）

图 3-52

图 3-53

图 3-54

图 3-55

6、两掌外旋，掌心相对，慢慢收至胸前，目视斜下方。（图 3-56、图 3-57）重复动作 3 ～ 6，共做 6 遍，配合吐“呬”字音 6 次。

图 3-56

图 3-57

【收势】

两掌经体侧上举至头顶上方，掌心向下，两指尖相对，沿体前缓慢下按至腹前，横开至体侧，目视前方。（图 3-58）

图 3-58

“呬”字发音要领。（图 3-59、图 3-60）

图 3-59

图 3-60

（1）呬，读（si），为齿音，声短气长，口形为开口张腭，舌尖轻抵下齿上部，嘴角微微后引，气从齿间发出。

（2）扩胸展肩时鼻吸气；向前推掌时呼气，口吐“呬”字音。

【“呬”字诀的功效与作用】

（1）“呬”字诀与人体的肺脏相对应，肺主气，呬字诀有疏通肺经，泄出肺之浊气，调理肺脏功能的作用。

（2）呬字诀通过展肩扩胸，使胸腔打开，小腹内收，大自然的清气布满胸腔，同时丹田之气也上升到胸中，此先天后天二气在胸中会和，可以强化肺的呼吸功能。

（3）立掌展肩与松肩推掌，能够刺激和锻炼颈项和肩背部周围的穴位，缓解这些部位和关节的疲劳，防治颈椎、肩周炎和背部肌肉劳损等病症。

（4）呬字诀还可清肺经郁热，治疗咳嗽等肺系疾病。

第五式　吹（chui）字诀

图 3-61

【预备势】

两脚平行站立，开步与肩同宽，两膝微屈，两臂自然下垂，两掌心贴于大腿外侧，下颌微收，心平气静，目视前下方。（图 3-61）

（1）两掌心相对，两臂抬起至腹前，然后慢慢收回，轻抚腹部，掌尖斜向下，虎口相对，目视前下方。（图3-62、图 3-63）

图 3-62

图 3-63

（2）两掌沿带脉向后摩运至后腰部，掌心轻贴腰眼，掌尖斜向下，目视前下方。（图 3-64 ～图 3-66）

图 3-64

图 3-65

图 3-66

（3）两膝微屈下蹲，两掌向下沿腰骶、臀侧、大腿后外侧下滑，下滑的过程中，口吐“吹”字音。（图 3-67 ～ 图 3-74）

图 3-67

图 3-68

图 3-69

图 3-70

图 3-71

图 3-72

图 3-73

图 3-74

（4）两膝缓缓伸直，两掌从体侧收回至腹前，轻抚腹部，掌尖斜向下，虎口相对，目视前下方。（图 3-75）

重复动作 2 ～ 5，共做 6 遍，配合吐“吹”字音 6 次。

【收势】

两掌经体侧上举至头顶上方，掌心向下，两指尖相对，沿体前缓慢下按至腹前，横开至体侧，目视前方。（图 3-76）

图 3-75

图 3-76

“吹”字发音要领。（图 3-77、图 3-78）

图 3-77

图 3-78

（1）吹，读（chui），为唇音，吹字诀的口形是六字诀中最复杂的一个，因为它的口形是动态的，吐音时，气从喉出，嘴角微微后引，两唇抿而不合，发长音“吹”。

（2）两掌从腰部下滑时呼气，口吐“吹”字音，两掌收回，横摩至腰时用鼻子吸气。

【“吹”字诀的功效与作用】

（1）“吹”字诀与人体的肾脏对应，“腰为肾之府”，口吐“吹”字具有疏通肾经，泄出肾之浊气，调理肾脏功能的作用。

（2）两掌轻贴在腰间，在腰间轻轻按摩，两掌的热力慢慢渗透到腰间，具有疏通带脉，强壮腰肾的作用

（3）吹字诀针对腰膝酸软，盗汗遗精、阳痿、早泄、子宫虚寒等肾经疾患。

第六式　嘻（xi）字诀

视频讲解示范

图 3-79

【预备式】

两脚平行站立，开步与肩同宽，两膝微屈，两臂自然下垂，两掌心贴于大腿外侧，下颌微收，心平气静，目视前下方。（图 3-79）

（1）两掌内旋外翻，掌背相对，掌心向外，指尖向下，下颌微收。（图 3-80）

（2）两膝缓缓伸直，同时提肘带掌，经体前上提至胸前，两臂与肩平。（图 3-81）

图 3-80

图 3-81

（3）两掌继续上提至面前，分掌，两臂向外打开呈弧形，掌心斜向上，虎口向后。（图 3-82）

（4）屈肘，两掌经面部向胸前回收，掌尖相对，掌心向下。（图 3-83）

图 3-82

图 3-83

（5）两膝微屈，同时两掌缓缓下按至肚脐前，并配合口吐“嘻”字音。（图 3-84、图 3-85）

（6）两掌掌背相对合于腹前，掌心向外，掌尖向下。（图 3-86）

图 3-84

图 3-85

图 3-86

重复动作 2 ~ 6，共做 6 遍，配合吐“嘻”字音 6 次。

【收势】

两掌经体侧上举至头顶上方，掌心向下，两指尖相对，沿体前缓慢下按至腹前，横开至体侧，目视前方。（图 3-87）

图 3-87

“嘻”字发音要领。（图 3-88、图 3-89）

图 3-89

图 3-88

（1）嘻，读（xi），为牙音，发音时，两唇微启，舌稍后缩，舌尖向下，有喜笑自得之貌，上下门牙对齐。

（2）提肘分掌，双臂向外展开时，用鼻吸气；两掌从胸前下按时，呼气，口吐“嘻”字音。

【“嘻”字诀的功效与作用】

（1）“嘻”字诀与人体的三焦相对应，口吐“嘻”字，气走三焦，可以抚慰上、中、下三焦，调理全身的气血。

（2）外导配以呼吸内行，可调理五脏六腑之平衡，强身健体。

（3）“嘻”字诀针对由三焦不畅而引起的眩晕、耳鸣、喉痛、胸腹胀闷、小便不利等疾患。

第四章 健康养生

一、六字诀需要与四季养生相结合

人体的生命活动与自然界的季节变化是息息相关的。四季养生是根据四季气候的特点，顺应其变化，通过顺应自然养护身体的方法，达到祛病延年的目的。《太极图说》中讲到“四时合其序”，“二气交化，化生万物，万物生生而变化无穷焉”。从中我们可以体悟到，练习“六字诀”要讲究季节，因为季节不同，气候也有变化，身体为了适应气候的变化，应该选择合适的六字诀功法。

《遵生八笺校注·延年去病笺》的《四季祛病歌》中记载：“春嘘明目木扶肝，夏至呵心火自闲，秋呬定收金肺润，肾吹惟要坎中安，三焦嘻却除烦热，四季常呼脾化餐，切记出声闻口耳，其功优胜保神丹。”这个记载很好地把六字诀与四季结合起来，提到春天发“嘘”音，夏天发“呵”音，秋天发“呬”音，冬天发“吹”音。人体五脏的生理活动，必须适应四时阴阳的变化，才能与外界环境保持协调平衡，达到平衡，则有益于健康。《黄帝内经直解》指出：“四气调神气，随春夏秋冬四时之气，调肝、心、脾、肺、肾五脏之神志也。”练习六字诀要顺应四时的变化，调节身体，使身体具有适应自然的能力，才能够维护身体健康。

一年四季气候的变化，是人的生理变化的重要原因。春夏阳气盛，人多体力充实，精力充沛；秋冬阴气盛，人多室居少出。但是自然界四季的风雨寒暑的变化并不是非常有规律的，常常会出现反常现象，致使人们来不及调节机体的适应能力，从而感受邪气以致发病。只有适应大自然才能更好地生存，才能抵御不正常气候对人体造成的严重危害，使机体的生理活动符合大自然的规律，达到延年益寿的目的。

因此，在练习六字诀时，应根据四季的变化，选择适当的六字诀功法，在春天用“嘘”来治肝脏疾病，夏天用“呵”来治心脏的疾病，秋天用“呬”来治肺部的疾病，冬天用“吹”来治肾脏的疾病，“呼”治脾脏的疾病和“嘻”治三焦的疾病。这样，遵循四季的规律，采用合适的六字诀练法，当四季的变化出现不规律时，会对身体造成不适，这样就可以用六字诀所对应的发音练习来达到适应四季的要求，提高身体素质。

二、练习六字诀的价值

（一）调息辅助动作可达身心平衡

六字诀是以呼吸吐纳为主的一种养生功法，以呼吸为主，动作为辅。在练习六字诀时，呼气并伴有发音，发音时再配合上肢体动作。动作要伴随气息的变化，吐音和动作同步进行，发声完成后，动作也随之结束，使发音和动作充分协调配合。肢体动作有着导引气血的作用，所以在练习时要求柔和、舒展、自然，千万不可用力。在练习过程中，需要了解呼吸发音占有主导地位，而动作是作为辅助练习，所以呼吸要均匀、细长、平稳为佳。通过发音来刺激对应的脏腑，通过经络将声音传递到各个脏器，使得各个脏器能够协调运转，达到平衡身体的效果。

（二）动作可导引经络运行

明朝之后的六字诀开始出现了肢体动作，这使六字诀的内容更加丰富、完整。动作可以使气血在经络内有条不紊的运行。经络是气血运行的通道，在正常情况下，气血在经络运行中运行是畅通无阻的，可以行气血、通表里、调阴阳、维持正常的生理活动。如果因某种原因导致经络发生阻碍，气血运行就会郁滞不畅，导致疾病的发生。通过导引，引导气血在身体内顺畅运行，可以达到疏通经络、协调脏腑、调节气血、平衡阴阳、健康长寿的目的。

三、六字诀功法的优势

（一）功法体系规范完整

练习时，通过特定的读音口型来调整及控制体内气息的升降出入，形成分别与人体肝、心、脾、肺、肾、三焦相对应的“嘘、呵、呼、呬、吹、嘻”6种特定的吐气发声方法，进而达到调整脏腑气机平衡的作用。六字的读音和口型方面，具有系统性，各字诀之间既是一个完整的整体，又各具独立性，相辅相成。

（二）吐纳呼吸内外兼修

本功法在注重呼吸吐纳、吐气发声的同时，配合理的动作导引，内调脏腑、外练筋骨，达到内壮脏腑、外健筋骨的养生康复作用。正如东晋著名养生家葛洪所说：“明吐纳之道者，则为行气，足以延寿矣；知屈伸之法者，则为导引，可以难老矣。”

（三）动静结合养炼相兼

动作舒展大方，缓慢柔和，圆转如意，如行云流水，婉转连绵，似人在气中，气在人中，表现出独特的宁静与阴柔之美，具有浓郁的气功特色。并且，要求吐气发声匀细柔长，动作导引舒缓圆活，动中有静，静中有动，动静结合，锻炼与养生相结合，炼养相兼，既炼气，又养气。

（四）操作简单安全有效

本功法在“嘘、呵、呼、呬、吹、嘻”6字发声吐气的基础上，将每个字诀都配以典型而简单的导引动作。简单易学，易记易练。并且强调“以形导气”“意随气行”。整套功法中既没有复杂的意念观想，也没有高难度、大幅度、超负荷的动作，不易出偏。适合老年人和体弱多病者习练。

四、练习逆腹式呼吸法的好处

（一）提高吸氧量

逆腹式呼吸法以横膈肌活动为主，自然呼吸法以胸肌活动为主。横膈肌的活动面积比胸肌活动面积大得多，因而，逆腹式呼吸法吸入的氧气是自然呼吸法的3～4倍。人体吸入氧气多，一是可以有利于新陈代谢；二是可以改善血液中的内氧环境，增强免疫能力。

（二）增强人体之真气

逆腹式呼吸法练习时明显地感觉到小腹的（丹田）开合，而小腹（丹田）是中医理论所指的人体真气形成的地方。真气由人体肺脏吸入的氧气与脾胃生化的水谷精微之气及肾脏先天的精气三者汇集而成，藏于腰肾，布于全身，是呼吸运动之根源。所以，小腹（丹田）又被称为“呼吸之门”“生气之海”“十二经脉之根”。因此，加强逆腹式呼吸法的锻炼，增强人体的真气。

（三）提高任、督二脉气血的运行

人体的任、督二脉同始于两外阴之间的会阴穴，任脉沿腹、胸正中经颈部到达口部下唇的龈交穴；督脉沿腰、背、项、头的正中线经上额、鼻到达口部上唇的承浆穴。任脉总督人体一身之阴脉，称为“阴脉之海”，具有调节全身阴经经气的作用；督脉总督人体一身之阳脉，称为“阳经之海”，具有调节全身阳经经气的作用。逆腹式呼吸法吸气时，舌抵上腭，把任脉的终端穴位承浆穴与督脉的终端穴位龈交穴连接起来，沟通了任、督二脉，加上吸气直达小腹（丹田），令真气加强，所以，能增进任、督二脉的气血运行，从而也增进了十二经脉的气血运行。

五、练习六字诀逆腹式呼吸法的要领

锻炼时最常用的呼吸方法是自然呼吸法和腹式呼吸法，腹式呼吸法又分为顺腹式呼吸法与逆腹式呼吸法。六字诀的呼吸方法，要求初学时用自然呼吸法，待动作熟练后再采用逆腹式呼吸法。

六字诀采用逆腹式呼吸法的基本要领是鼻吸口呼。鼻吸气时，胸腔上升并向外扩张，腹部随之内收，吸“气”感觉直达小腹（丹田），同时，舌抵上腭，意念放在命门处，且微微收提肛门；口呼气时则与此相反，胸腔下降及内收，腹部则往外扩张，同时，放松肛门，舌头也随之放平。

（一）呼吸与动作间的协调

练习与形体动作相配合时，当动作上升或外开时吸气，动作下降或内合时呼气。形体动作上有升、降、开、合的转换，且动作在转换切分处稍作停顿以体现松紧和虚实的结合，在动作升降开合的转换切分处停顿时，作短暂的停闭，形成“吸—停—呼”的逆腹式停闭呼吸法。

（二）呼吸过程匀顺

健身气功•六字诀的逆腹式呼吸过程中要注意做到深、长、匀。“深”是指吸“气”感觉要到小腹（丹田），有别于自然呼吸法的吸“气”感觉只到胸部；“长”是指呼吸节律要放慢，一吸一呼间的时间尽量延长来配合动作的柔和缓慢和完整性；“匀”是指从吸气开始至呼气结束，气流在体内的入与出的整个过程中，都要尽量做到均匀一致。吸气时不要吸得太满，呼气时不要呼得太尽，要留有余地，以免造成憋气现象。

六、练习六字诀必须掌握的发音口型及原理

（一）“嘘”音

发“嘘”音时，口形为嘴角紧缩后引，槽牙（即磨牙）上下平对，中留缝隙，槽牙与舌边留有空隙。发“嘘”音的着力点在于牙齿，声出于牙为牙音。牙音在五行中属木，发音时可以调节肝脏，嘘音对应的经络是足厥阴肝经，经络走向为从足厥阴肝经到手太阴肺经。

（二）“呵”音

发“呵”音时，口形为舌体微上拱，舌边轻贴上槽牙。发“呵”音的着力点在于舌头部分，声出于舌，为舌音。舌音在五行中属火，发音时可以调节心脏，“呵”音对应的经络是手少阴心经，经络走向为从足太阴脾经到手少阴心经。

（三）“呼”音

发“呼”音时，口形为舌体下沉，口唇撮圆，正对咽喉。发“呼”音的着力点在于喉咙部分，声出于喉部，为喉音。喉音在五行中属土，发音时可以调节脾脏，对应的经络是足太阴脾经，经络走向为从足太阴脾经到手少阴心经。

（四）“呬”音

发“呬”音时，口形为上下门牙对齐、放松，中留狭缝，舌顶。发“呬”音的着力点在于牙齿部位，声出于齿，它属于齿音。五行中属金，发音时可以调节肺脏，对应的经络是手太阴肺经， 经络走向为从足厥阴肝经到手太阴肺经。

（五）“吹”音

发“吹”音时，口形为舌体和嘴角后引，槽牙相对，两唇向两侧拉开收紧，在前面形成狭隙。发“吹”音的着力点在于唇部位，它属于唇音。五行中属水，发音时可以调节肾脏，对应的经络是足少阴肾经，经络走向为从足少阴肾经到手厥阴心包经。

（六）“嘻”音

发“嘻”音时，口形为嘴角放松后引，槽牙上下平对轻轻咬合，整个口腔气息压扁。发“嘻”音的着力点在干牙齿部位，它属丁牙音，发音时可以调节三焦，对应的经络是足少阳胆经，经络走向为从从足少阳胆经到手少阳三焦经。